26 Mars 1898

Vente après Décès

⁂

Collection

du

Baron DE JUIGNÉ

PROVENANT DE LA SUCCESSION DE

Mme la Vicomtesse DE DAMAS

Tableaux anciens

Meubles sculptés

8001. — Lib.-Imp. réunies, rue Mignon, 2, Paris. — MOTTEROZ, Dr.

Vente après Décès

Collection du Baron DE JUIGNÉ

PROVENANT DE LA SUCCESSION DE

Mme la Vicomtesse DE DAMAS

CATALOGUE

DES

TABLEAUX ANCIENS

ET

Meubles sculptés du XVIe siècle

DONT LA VENTE AURA LIEU

HOTEL DROUOT, SALLE N° 6

Le Samedi 26 mars 1898, à deux heures et demie

EXPOSITIONS :

PARTICULIÈRE	**PUBLIQUE**
Le Jeudi 24 mars 1898	Le Vendredi 25 mars 1898

d'une heure et demie à cinq heures et demie

Commissaires-Priseurs :

Me Lucien VÉRON	Me Georges DUCHESNE
7, rue du Quatre-Septembre, 7	6, rue de Hanovre, 6

Experts :

POUR LES TABLEAUX	POUR LES MEUBLES
M. Henri HARO	M. Arthur BLOCHE
14, rue Visconti et rue Bonaparte, 20	28, rue de Châteaudun, 28

1898

CE CATALOGUE SE DISTRIBUE

A PARIS CHEZ

Me LUCIEN VÉRON
7, rue du Quatre-Septembre, 7

Me GEORGES DUCHESNE
6, rue de Hanovre, 6

ET CHEZ

M. HENRI HARO
14, rue Visconti et rue Bonaparte, 20

M. ARTHUR BLOCHE
28, rue de Châteaudun, 23

CONDITIONS DE LA VENTE

Elle sera faite au comptant.

Les acquéreurs payeront *cinq pour cent* en sus des adjudications.

TABLEAUX

ALLEGRI, *dit* LE CORRÈGE

(École de)

1 — Madeleine couchée.

B. — H., 0m,16. L., 0m,22.

BASSANO

2 — La Marchande endormie.

Profitant de son sommeil, un jeune homme se verse à boire.

T. — H., 0m,53. L., 0m,64.

BELLAY

3 — Cheval blanc.

Signé à gauche.

T. — H., 0m,17. L., 0m,21.

BERCHEM

4 — Paysage avec ruines et animaux.

Au premier plan, une femme montée sur un cheval s'entretient avec un paysan. Plus loin, différents personnages et des animaux.

T. — H., 0m,66. L., 0m,80.

BREENBERGH

5 — Paysage avec figures et animaux.

T. — H., 0m,30. L., 0m,37.

CANTARINI

6 — Tête de femme.

T. — H., 0m,40. L., 0m,33.

CASANOVA

7 — Escarmouche.

T. — H., 0m,53. L., 0m,92.

CHAMPAIGNE (Ph. de)

8 — Portrait présumé de Thomas Corneille.

Il est représenté de trois quarts, la tête couverte d'une calotte verte et vêtu d'un manteau de même couleur; il porte autour du cou un petit col blanc avec rabat de dentelle.

Cadre en bois sculpté.

T. — H., 0m,61. L., 0m,49.

CRAYER (Gaspard de)

9 — Tête de saint Jean-Baptiste.

T. — H., 0m,62. L., 0m,50.

DESPORTES (François)

(Attribué à)

10 — Fruits et Légumes.

T. — H., 0m,90. L., 1m,32.

11 — Nature morte.

Sur une table, une sarcelle, des grives, un geai, et, à droite, un panier rempli de champignons.

T. — H., 0m,46. L., 0m,56.

DETROY (François)

(Attribué à)

12 — Portrait d'homme.

T. — H., 0m,62. L., 0m,50.

DIETRICH

13 — La Solitude.

Signé à gauche et daté 1759.

T. — H., 0m,55. L., 0m,66.

DYCK (Van)

(Attribué à)

14 — Jésus couronnant sa mère.

T. — H., 1m,30. L., 1m,17.

15 — Mort de saint François.

Assis sur une pierre, il rend le dernier soupir entre deux anges dont l'un lui présente un crucifix.

T. — H., 0m,19. L., 0m,16.

ÉCOLE ALLEMANDE

16 — La Vierge, l'Enfant Jésus et sainte Catherine.

Fond d'or.

B. — H., 0^m,84. L., 0^m,68.

ÉCOLE DE COLOGNE

17 — Épisodes de la vie de sainte Ursule.

B. — H., 0^m,93. L., 0^m,67.

ÉCOLE FLAMANDE

18 — Triptyque.

Panneau du milieu : la Fuite en Égypte ; celui de de droite : l'Assomption ; et celui de gauche : les Donataires.

B. — H., 1^m,05. L., 0^m,47.

19 — Judith présentant la tête d'Holopherne.

B. — H., 0^m,25. L., 0^m,33.

ÉCOLE FRANÇAISE

20 — Portrait de Rameau.

La tête ceinte d'une couronne de lauriers, le poète, le coude gauche appuyé sur le bras de son fauteuil, est assis devant une table, en train d'écrire.

T. — H., $0^m,91$. L., $0^m,73$.

21 — Portrait d'un magistrat; Époque Louis XIV.

Forme ovale.
Cadre bois sculpté.

T. — H., $0^m,73$. L., $0^m,60$.

22 — Portrait de Louis Bazin, seigneur de Bézon, conseiller d'État.

Forme ovale.

B. — H., $0^m,27$. L., $0^m,21$.

ÉCOLE HOLLANDAISE

23 — Portrait de femme.

Vêtue de noir avec une fraise autour du cou, elle est représentée debout, la tête coiffée d'un bonnet de tulle et la main gauche appuyée sur une table sur laquelle sont placés ses gants. Une chaîne, retenue à la ceinture par un riche joyau, orne son corsage brodé d'or.

T. — H., $1^m,18$. L., $0^m,84$.

ÉCOLE ITALIENNE

24 — Saint Jérôme dans le désert.

B. — H., 1m,41. L., 0m,55.

ÉCOLE NAPOLITAINE

25 — Chasseur et son chien.

T. — H., 0m,43. L., 0m,35.

FONTENAY (Blain de)

26 — Fleurs.

Un vase contenant des fleurs est posé sur un guéridon.
Signé à droite et daté 1698.

T. — H., 0m,80. L., 0m,65.

27 — Vase contenant des fleurs.

T. — H., 0m,98. L., 0m,98.

FRANCK

28 — Les Cinq Sens.

C. — H., 0m,22. L., 0m,30.

FRANS FLORIS

(École de)

29 — Moïse sauvé des eaux.

B. — H., 0m,78. L., 1m,08.

FYT

(École de)

30 — Nature morte.

T. — H., 0m,85. L., 1m,03.

GÉRICAULT

31 — Tête de loup.

T. — H., 0m,35. L., 0m,44.

GÉRICAULT

(Attribué à)

32 — Le Radeau de la Méduse.

T. — H., 1m,30. L., 1m,95.

GREUZE

(Attribué à)

33 — Portrait de femme.

Esquisse.

T. — H., $0^m,46$. L., $0^m,38$.

GOMEZ (Sébastien)

34 — La Vision de l'Enfant Jésus.

T. — H., $1^m,31$. L., $1^m,03$.

HELMONT (Van)

35 — La Cuisinière.

T. — H., $0^m,34$. L., $0^m,25$.

36 — Buveurs.

C. — H., $0^m,22$. L., $0^m,17$.

JORDAENS

?

37 — Femme et Satyre.

T. — H., $1^m,13$. L., $0^m,93$.

JOUVENET

38 — L'Éducation de la Vierge.

T. — H., 0^m,90. L., 0^m,67.

LABRADOR

39 — Fleurs et Fruits.

T. — H., 1^m,36. L., 0^m,98.

40 — Pendant du précédent.

T. — H., 1^m,36. L., 0^m,98.

41 — Intérieur de cuisine.

T. — H., 0^m,91. L., 1^m,33.

LARGILLIÈRE (N. DE)

?

42 — Portrait d'homme.

Vu de trois quarts, la tête nue tournée vers la droite, il est représenté vêtu d'un habit de velours noir et d'un manteau rouge ; au cou, une cravate de dentelle.

Cadre bois sculpté.

T. — H., 0^m,80. L., 0^m,65.

LARGILLIÈRE (N. DE)

(École de)

43 — Portrait d'homme.

Il porte une perruque longue et bouclée et est vêtu d'une riche robe de chambre.
Forme ovale.
Cadre bois sculpté.

T. — H., 0m,81. L., 0m,64.

LEBRUN (CHARLES)

44 — Le Christ au pied de la Croix.

Le Christ est étendu par terre ; la Vierge et sainte Madeleine sont auprès de lui.

T. — H., 0m,95. L., 0m,75.

LEDOUX (Mlle)

45 — Tête de jeune paysanne.

T. — H., 0m,40. L., 0m,32.

LE MOINE (F.)

46 — Esquisse d'un plafond.

T. — H., 0^m,71. L., 0^m,91.

LOCATELLI

47 — Paysage avec figures et animaux.

T. — H., 0^m,34. L., 0^m,44.

LUTHERBURG

48 — Brigands attaquant des paysans.

T. — H., 0^m,62. L., 0^m,77.

49 — Choc de cavalerie.

T. — H., 0^m,38. L., 0^m,50.

50 — Choc de cavalerie.

T. — H., 0^m,30. L , 0^m,55.

51 — Paysage avec figures et animaux.

C. — H., 0^m,12. L., 0^m,21.

MALTESE, *dit* LE CHEVALIER MALTAIS

52 — Vases et Tapis brodés.

T. — H., 0m,95. L., 1m,35.

53 — Armures.

Sur une table recouverte d'un tapis rouge, une riche armure est posée sur un manteau bleu bordé d'un galon d'or.

T. — H., 0m,70. L., 1m,00.

MIEREVELT

54 — Portrait d'homme.

Représenté debout près d'une table, sur laquelle est posé son chapeau, le bras gauche appuyé sur la garde de son épée et la main droite sur la hanche, il porte un vêtement noir avec manchettes de dentelle. Une fraise orne son cou. En haut à droite on lit :

. Æ T.is SVÆ . 28.
. 1603.

B. — H., 1m,12. L., 0m,81.

MIEREVELT

?

55 — Portrait de femme.

Elle est vue de trois quarts, tournée vers la gauche, la tête coiffée d'un bonnet blanc garni de guipure, son vêtement est noir et de petits boutons ornent son corsage agrémenté de fourrure. Elle porte autour du cou une large fraise.

B. — H., 1^m,17. L., 0^m,87.

MIEREVELT

(Attribué à)

56 — Portrait de femme.

Vêtue d'une robe de satin noir avec col et manchettes de dentelles, elle est représentée debout, tenant un éventail de plumes dans la main droite. Des colliers de deux rangées de perles fines ornent son cou et ses poignets.

B. — H., 1^m,07. L., 0^m,85.

MONNOYER (Baptiste)

57 — Médaillon de fleurs.

Au centre, des oiseaux et des insectes.

T. — H., 1^m,36. L., 0^m,98.

MONNOYER (Baptiste)

58 — Pendant du précédent.

T. — H., 1^m,36. L., 0^m,98.

MURILLO

(École de)

59 — Saint Jean-Baptiste.

Il est assis, le bras droit levé, la main montrant le ciel. Un agneau est à ses pieds.

T. — H., 1^m,18. L., 0^m,85.

NATTIER

60 — Portrait de Guy-Claude-Roland de Laval, maréchal de Montmorency.

Il est représenté assis, la tête vue de face; de sa main droite gantée il tient son bâton de maréchal. L'écharpe blanche de commandement recouvre en partie l'armure dont il est revêtu.

Signé en bas et daté 1740.

T. — H., 0^m,81. L., 0^m,64.

OUDRY

61 — Canards surpris par un épervier.

T. — H., $0^m,77$. L., $1^m,18$.

OUDRY

(Attribué à)

62 — Chien et Héron.

T. — H., $0^m,65$. L., $0^m,85$.

PEETERS (Clara)

63 — Nature morte.

Sur une table sont placés des vases, des fruits, un homard et un pâté entamé.

T. — H., $0^m,93$. L., $1^m,40$.

POËL (Van der)

64 — Incendie et Scène de pillage.

Signé à droite et daté 1657.

B. — H., $0^m,47$. L., $0^m,62$.

PORBUS

(Attribué à)

65 — L'Adoration des Mages.

La Vierge assise tient l'Enfant Jésus sur ses genoux; un roi mage, prosterné devant lui, lui baise le pied; derrière, les autres rois et leur suite.

B. — H., 0^m,55. L., 0^m,71.

66 — L'Adoration des Bergers.

Pendant du précédent.

B. — H., 0^m,55. L., 0^m,71.

POUSSIN (Nicolas)

(Attribué à)

67 — Sainte Cécile.

C. — H., 0^m,19. L., 0^m,27.

RAPHAEL

(D'après)

68 — Les Dieux réunis reçoivent Psyché à l'Immortalité.

T. — H., 0^m45. L., 1^m,19.

REMBRANDT

(Attribué à)

69 — Portrait du peintre âgé.

Il est représenté la tête vue de trois quarts et coiffé d'un turban.

T. — H., 0^m,73. L., 0^m,56.

RIBERA (Joseph)

70 — Le Christ avant la flagellation.

T. — H., 0^m,65. L., 0^m,60.

RIGAUD (H.)

71 — Portrait du peintre.

Forme ovale.
Cadre bois sculpté.

T. — H., 0^m,79. L., 0^m,65.

72 — Portrait d'homme en cuirasse.

T. — H., 0^m,64. L., 0^m,54.

ROBUSTI (JACQUES), *dit* LE TINTORET

(Attribué à)

73 — Saint Jérôme.

T. — H., 0m,80. L., 1m,00.

74 — Jésus devant Caïphe.

T. — H., 0m,67. L., 0m,47.

ROEPEL (CONRAD)

75 — Fleurs dans un vase.

T. — H., 0m,65. L., 0,55.

ROTTENHAMER

76 — Le Baptême du Christ.

B. — H., 0m,33. L., 0m,48.

RUBENS

(Attribué à)

77 — Portrait présumé du frère de Rubens.

La tête nue, vêtement noir avec col blanc garni de dentelle.

B. — H., 0^m,44. L., 0^m,37.

RUYSDAEL

(Attribué à)

78 — Marine.

Au premier plan, une digue battue par les flots ; une barque va franchir la passe, vers laquelle s'avance un navire.

A droite, la côte avec quelques arbres et des pieux dans la mer. A l'horizon, une ville. Ciel nuageux.

B. — H., 0^m,37. L., 0^m,54.

RYCKAERT

79 — Tabagie.

B. — H., 0^m,49. L., 0^m,65.

SARTE (André del)

(Attribué à)

80 — Sainte Famille.

La Vierge, à genoux, tient l'Enfant Jésus, le petit saint Jean est près de lui dans les bras de sa mère. A droite, saint Joseph appuyé sur un bâton.

T. — H., 0^{m},95. ., 0^{m},95.

STAVEREN (Van)

?

81 — La Résurrection de Lazare.

B. — H., 0^{m},37. L., 0^{m},30.

STELLA

82 — Sainte Famille.

La Vierge est assise près de l'Enfant Jésus couché dans sa crèche ; saint Joseph est prosterné devant eux ; dans le fond le bœuf et l'âne.

T. — H., 0^{m},32. L., 0^{m},27.

TENIERS (D.)

(Attribué à)

83 — Paysage.

B. — H., 0m,20. L., 0m,36.

VARENDAEL (N. Van)

84 — Fleurs.

Signé à droite.

T. — H., 0m,75. L., 0m,62.

VECELLI, *dit* le Titien

(Attribué à)

85 — La Vierge, l'Enfant Jésus et des saints.

La Vierge est assise, tenant l'Enfant Jésus sur ses genoux. Près d'elle, on voit saint Ambroise, saint Thomas d'Aquin et saint Maurice.

T. — H., 1m,00. L., 1m,31.

VECELLI, *dit* LE TITIEN

(D'après)

86 — Madeleine.

T. — H., 0m,98. L., 0m,71.

VÉLASQUEZ

?

87 — Portrait de Philippe IV.

Représenté la tête nue, il porte une cuirasse recouverte d'un col de broderie.

T. — H., 0m,54. L., 0m,46.

VÉLASQUEZ

(École de)

88 — Portrait de Don Sébastien.

T. — H., 0m,54. L., 0m,46.

ZAMPIERI (Dominique), *dit* le Dominiquin

89 — Sainte Famille.

La Vierge, assise par terre, tient l'Enfant sur ses genoux. Jésus tend des fruits au petit saint Jean. Derrière, à droite, on voit saint Joseph et sainte Anne et, à gauche, deux anges dont l'un tient une corbeille de fruits.

T. — H., 1m,31. L., 1m,72.

90 — Saint Sébastien.

T. — H., 1m,26. L., 0m,64.

91 — Sous ce numéro, seront vendus les tableaux non catalogués.

MEUBLES

92 — Très remarquable Meuble à deux corps, en bois de noyer sculpté, d'une grande délicatesse de dessin et d'exécution, XVIe siècle. Le haut ouvrant à deux portes présente des motifs à têtes de lions entre des cariatides d'aigles surmontées de masques de femmes drapées. Les trois montants du milieu et de côté sont formés de cariatides d'hommes et de femmes à draperies et guirlandes de fruits sur lesquelles sont postés des aigles aux ailes déployées. Le bas avec frise à mascarons et guirlandes se divise comme le haut : les portes sont ornées de têtes de femmes, de guirlandes et de chutes de fruits ; les montants à cariatides, celles des

extrémités des génies ailés, celle du milieu à tête d'homme laurée. Au milieu de chaque porte furent décorées postérieurement les armoiries de la famille de Bretonnière et de ses alliés.

93 — Magnifique Table rectangulaire en bois de noyer sculpté, offrant aux deux extrémités du piètement, et se développant dans toute la largeur des rinceaux feuillagés, des masques fabuleux s'enroulant dans les bras d'une cariatide diabolique d'une exécution remarquable. L'entre-jambe présente des cariatides et de grands enroulements à volutes d'une grande richesse de détails. Le dessus, à développement adhérent, est orné d'incrustations d'ivoire, travail du XVIe siècle.

8001. — Lib.-Imp. réunies, rue Mignon, 2, Paris.

www.ingramcontent.com/pod-product-compliance
Lightning Source LLC
LaVergne TN
LVHW010009230826
846092LV00002B/726
* 9 7 8 2 3 2 9 5 0 5 8 2 4 *